# 起業でつくる ジブンの仕事

## ① 子ども・若者起業家に聞いてみた

監修 藤川大祐（千葉大学教育学部長・教授）

汐文社

# はじめに

　近年、AI（人工知能）の進化は目ざましく、社会が大きく変わろうとするなかで、日本国内の人口は年々減りつづけ、働き手の高齢化も進み、仕事にはより効率化・省力化が求められるようになりました。

　今では、これまで人が行ってきた仕事の一部をAIやロボットが担うようになったり、劇的に進化するIT（情報技術）があらゆる場所で活用されるようになったりするなど、仕事の「スマート化」が行われています。近い将来、多くの仕事がスマート化されることで、みなさんが「将来なりたい」と思っていた職業が、大人になるころにはなくなっているかもしれません。

　そこで、これから必要になるのが、夢やアイデアを持ってみずから事業を起こし、仕事をつくっていくという「起業家精神」です。

　今ある職業のなかから、将来自分が働く姿を思い描くことも大切ですが、これからの社会で必要になるような「新しい仕事」を自分で生み出すことも、大切な選択肢となるでしょう。そのための手段となるのが「起業」です。

　この本では、子ども・若者世代で起業をした人のインタビューを読んだり、自分のやりたいことを考えたり、実現するための手段を学んだりすることで、「起業」とは何かを知ることができるようになっています。

　みなさんがこの本を通じて、「起業」に関心を持つきっかけになれば幸いです。

# もくじ

**起業でつくるジブンの仕事**

**❶ 子ども・若者起業家に聞いてみた**

\起業した人々/

# あなたはどんな仕事に興味がある？

今日はみんなが興味のある仕事について話してもらいます！

キャリア教育の時間

やってみたい職業

ミサキ先生

将来かぁ、あんまりイメージできないよなぁ

ソウタ

私は考えてるよ

メイ

えっ！？何なに？

パティシエ

パティシエ？？

知らないの？洋菓子の職人さん

はい2人とも静かに！

次はユウキさん

はい！

ガタッ

オレはAIを使った新しい社会のシステムを考えて、会社を起業したいと思っています！

ユウキ

起業？　考えたこともなかった……

ぽかーん

たとえば、パティシエといっても、自分のお店を持つことも立派な起業だよね。ユウキさんのように、会社をはじめることも立派な起業

起業！

どっちも

会社に就職するんじゃなくて、新しくお店や事業をはじめることが起業です

今ある職業も、みんなが大人になるころにはなくなっていることだってあります。なりたい職業を考えるのも、起業を考えるのも、どちらも大切ですね

そうかぁ、じゃあぼくも起業しようかな

ソウタには無理そう……

何で！

まあまあ

ガーン

まずは自分が何をやりたいか突きつめていかないとね

私でも将来、起業できるかなあ

将来どころか、やりたいことがあれば、今からでも起業はできるよ。実際、小学生や中学生で起業をする人もいます

すごい！　へーっ　わぁ！

ちょっと興味出てきた

起業のこともっと教えてください！

では、これから起業について勉強してみましょう

Let's Go!!

# 起業って何？

## 「起業」という言葉の意味

　起業とは、「新しく事業を起こす」ことで、起業をする人を「起業家」といいます。事業には、大きく二つの意味があり、一つは「社会的に大きな仕事」、もう一つは「生産・営利を目的とした経済活動」です。みなさんのやりたいことが、社会的に価値のあることでも、たくさん利益を上げることでも、「起業」はどちらにも当てはまります。

　起業に似た言葉に「創業」があります。言葉の意味としては同じですが、創業はどちらかというと過去に会社を起こしたことを指す場合が多いようです。

そういえば「起業50周年」とはいわないね

その場合は「創業」だね

スタートアップやベンチャー（9ページ）のように、新しい事業にチャレンジする場合にも「起業」をよく使うね

## 「会社員」か「起業家」か？

　自分のやりたいことを仕事にする場合、それがどこかの会社の事業として行われていれば、その会社に就職するのも一つの方法です。では、会社員になるのと、起業家になるのとでは、どのようなちがいがあるのか、右ページの表で確認しておきましょう。

## ▶会社員（正社員）と起業家のちがい

| 会社員（正社員） | 起業家 |
|---|---|
| 会社が配属先を決めるので、自分のやりたいことができるとは限らない | 自分のやりたいことを仕事にできる |
| 仕事の成果のある・なしにかかわらず、毎月一定の金額が給与として会社から支給されるので安定している | 仕事の成果に応じて収入が得られるが、仕事がないとマイナスになることもある |
| 会社の規定で休みが決まっている。病気などで長期の休み（休業）を取ることは可能 | 休みを自分の裁量で決められるが、仕事の状況によってはまったく休めないこともある |
| 失敗をしても、会社が一定の責任を取ってくれるが、内容次第では、処分されることもある | 失敗はすべて自分の責任になる |
| すでに実績や信頼のある会社の名前を前面に出して仕事ができる | はじめたばかりだと実績もなく、仕事の信頼を得るために時間がかかる |

これらは一般的な例で、すべての会社員や起業家に当てはまるわけではないよ

# 会社とはどんな組織？

　会社は、社長をトップとして、その下にいくつもの部署（チーム）があり、またその下に部署があるといった、いくつかのチームの集合体（組織）です。

　チームにはそれぞれ決められた仕事があり、会社に就職した人は必ずどこかのチームに入って、そのなかで与えられた仕事をこなします。もし別のチームの仕事がしたいと思ったら、チームの異動を希望して認められないといけません。

## ▶会社の組織の一例

```
                社長
   ┌──────┬──────┬──────┬──────┐
 営業部   総務部   人事部   企画開発部
 ┌─┬─┐  ┌─┬─┐  ┌─┬─┐  ┌─┬─┐
営業 営業 経理 厚生 人事 教育 経営 開発
一課 二課 課  課  課  課  企画 研究
                         課  課
```

うわ、いっぱいあるね！たくさんの人が働いているんだね

起業するということは、いきなりこのトップに立つということ。もちろん一人で起業したら、一人ですべてをやるということになるよ

# いま、起業をめざす人が増えている

## やりたいことを起業で実現する

近年、若い人のあいだで起業をめざす人が増えています。その大きな理由の一つが、「自己実現」です。

自己実現とは、もともとは心理学の用語で、「自分が好きなことをして、それが社会貢献（社会に役立つこと）につながっていく状態」をいいます。つまり、自分がやりたいことをして、社会の役に立ちたいけれど、それは会社という枠組みのなかでは実現できない、と感じる人が増えたと考えられます。

ほかにも、次のような理由があげられます。

ある調査では、起業をした人の73.7%が「社会的な課題を解決したい、社会の役に立ちたい」を起業の動機にあげているよ＊

### ❶ 働き方の多様化

学校を卒業したら就職して定年（おもに60歳）まで同じ企業で働くというのが当たり前だった昔とはちがい、現在は、自由に転職したい、会社にしばられない生き方をしたいと考える人が増えています。

### ❷ テレワークの一般化

情報通信技術が進み、テレワークも一般的になったことから、パソコンが1台あれば仕事ができ、場所にしばられない働き方が可能になっています。

### ❸ 国や自治体の支援など

近年、国や自治体が、起業に向けた助成金の充実や低金利での資金貸し付け、特許取得の支援、起業家教育（アントレプレナーシップ教育）の推進など、さまざまな取り組みを行っており、起業をすることへのハードルが下がってきています。

＊一般財団法人ベンチャーエンタープライズセンター 「ベンチャー白書2021」より

# 子どもでも起業ができる？

　自分のやりたいことができて、社会の役に立てて、お金が得られると聞くと、今すぐにでも起業したいと思う人もいるでしょう。一方で、「子どもなのに起業できるの？」と疑問に思う人もいるかもしれません。

　起業すること自体に年齢制限はないので、誰でも個人で事業をはじめることができます。ただし、会社を設立できるのは15歳以上＊です。保護者など信頼できる大人といっしょなら、15歳未満でも起業できます。

　実際に、小学生から起業をしている人もいます（16ページ）。

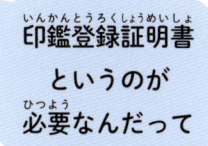

会社をつくるのには年齢制限があるんだね

印鑑登録証明書というのが必要なんだって

それをつくれるのが15歳以上＊ってことか

---

## 起業に関する言葉

### ● スタートアップ

これまでにないアイデアや、AI（人工知能）などの最新テクノロジーを使った革新的なビジネスモデルで、比較的短期間で成長をめざすやり方。最初のうちは赤字でも、潜在的なニーズをとらえれば、爆発的な成功をおさめることが可能。

スタートアップは、世のなかのニーズをとらえる力とアイデア次第で大きな成功をねらえるけど、それだけ失敗するリスクも大きいんだよ

### ● ベンチャー

スタートアップと似ていますが、すでにあるビジネスモデルを土台にして、収益性を高めたり、スケールを拡大したりするやり方という意味合いが強い。

### ● スモールビジネス

会社から独立し、これまでやってきた仕事の一部を個人の事業として行うなど、比較的小規模のビジネスからはじめて成長をめざすやり方。

# やりたいことを
# 実現するには？

## 選択肢はたくさんある

　たとえば、体が不自由で日ごろの買い物に困っている人のために何ができるか、飢えに苦しむ世界の子どものために何ができるか、自分が描いた絵でみんなによろこんでもらうにはどうすればいいか……。

　このように、ぼんやりとでも「やりたいこと」が見えている人は、どうすればそれが実現できるのかを考えてみましょう。

　本やインターネットで調べたり、身近な大人の人に聞いたりしてみると、いろいろな方法が見つかるでしょう。

　はじめは小さなものに思えた自分の「やりたいこと」が、世のなかにないものをつくり出したり、社会のいろいろな問題を解決することへとつながったりしていきます。

たとえば、飢えに苦しむ世界の子どもを救うには、食料だけではなく、作物を育てる技術の提供や水路の建設など、いろいろな方法があるよね

課題を考えるなかで、やりたいことを見つけ、それが仕事につながることもあるんだよ

# やりたいことを実現する手段の例

## ❶ ボランティア

自分から社会的な事業などに参加して、無償で活動をすること。ボランティア活動をする団体に入る場合と、個人で活動をする場合があります。

## ❷ 就職

「職業（生計を維持するために行う仕事）につくこと」です。一般的には会社や団体に所属して働くことを指します。

## ❸ 個人で事業をはじめる

会社や団体には所属せず、一人で仕事をすることです。フリーランスや個人事業主などとよばれます（第2巻で説明します）。

## ❹ 法人を設立する

仕事をするために、自分で法人（会社やNPO法人などの団体）をつくることです。ビジネスの世界では、個人の反対語が法人になります（第2巻で説明します）。

このうち、❸と❹が「起業」にあてはまります

そうか、やりたいことを実現するのに、起業以外の選択肢もあるんだよね

あと「趣味」でやる場合もあるよね

## 好きなことを仕事にする難しさ

　自分の好きなことを、趣味やボランティアではなく、仕事にしたい場合は、それを事業として行っている会社に就職するか、起業をするという選択肢があります。

　好きなことを仕事にすると、毎日が楽しくなるように思えます。しかし、お金をかせぐために続けなければならないという義務感が生まれて、好きなことがいやになる場合もあります。

　また、「自分の好きなこと」といっても、その分野に関して自分より知識や経験が豊富で、実力のある人とも競い合わなければならない場面もあり、仕事にすることにはそれなりの厳しさがあります。

# やりたいことを見つけよう

> ここまでで、「働くこと」「起業すること」について、なんとなくイメージが持ててきたかな？

> 「起業をしたい」と思っても、起業をして何をしたいか、はっきりとしていることが大切です

> まずは自分のやりたいことをしっかりと考えていきましょう

## イメージを書き出してみる

すでに自分の「やりたいこと」がはっきりしている人はいいのですが、そうではない人のほうが多いのではないでしょうか。起業をする・しないを考える前に、まずは自分の「やりたいこと」が何かを考えてみましょう。

しかし、急に「やりたいこと」を考えようとしても、そう簡単に出てくるものではありません。そこで、右ページのようなシートを使って、思ったことを自由に書き出してみるところからはじめましょう。

**❶** 「自分の好きなこと（もの）」が何かを考えてみましょう。食べものでもスポーツでも何でもかまいません。

**❷** 「気になっていること」や「興味のあること」を考えてみましょう。SNS上で話題になっていることや、新聞やテレビ、インターネットのニュースで見聞きして気になったこと、身のまわりのこと、何でもかまいません。

# やりたいことを見つけよう

名前

## ① あなたが好きなこと（もの）を自由に書きましょう

野球を見ること 　　　　　 いちご

絵を描くこと

大谷翔平

まんがを読むこと 　　　　　 ワンピース

料理をつくること

**できた！**
……これで
何がわかるの？

## ② あなたが気になっていること・興味のあることを自由に書きましょう

世界には紛争が原因で飢えに苦しむ子がたくさんいる

近所の商店街はお店が減って、少しさびれている

テレビで、災害で住むところを失った人を見ると悲しい

個人で品物を売り買いするアプリが人気らしい

いなかのおばあちゃんが、スーパーが遠くて買い物に行けないと困っていた

あ、でも、何か
見えてきたよ……

★この本の最後にワークシートがあります。

好きなことや
興味のあることのまわりには、
実はいろいろな人が関わっていて、
たくさんの仕事があるんだよ

だから、このシートに書いたことを
深く調べたり、考えたりしていくことで、
未来の仕事につながっていくかもしれないね

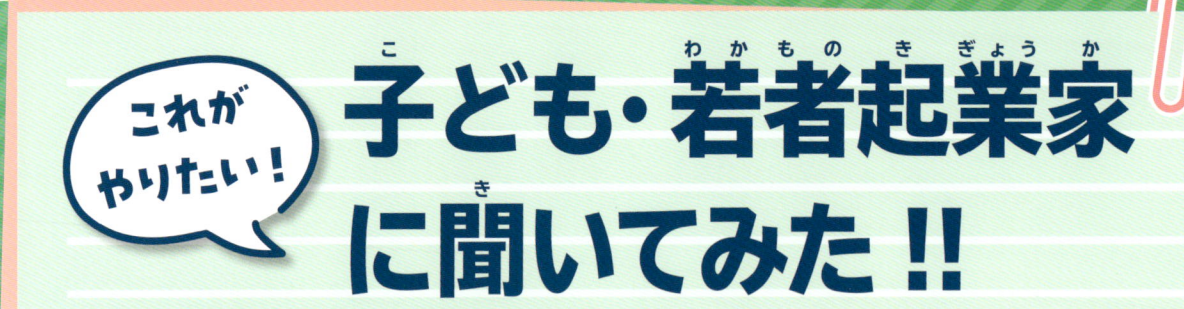

これが
やりたい！

子ども・若者起業家
に聞いてみた！！

キーンコーン
カンコーン

起業について、何となく
イメージができてきました

でも起業って、会社で長く働いて、
経験を積んでから独立するって
いうものじゃないのかなぁ

外国にはたくさん
起業家がいて、

たとえば、マイクロソフトの
ビル・ゲイツさんや Facebook（現・
Meta）のマーク・ザッカーバーグさん
は若くして起業しているよ

若くして起業！

ビル・ゲイツ

マーク・
ザッカーバーグ

へ〜！！

若くして起業している人は
日本にもたくさんいて、ソフトバンクグループの
孫正義さん、リクルートの江副浩正さん、
リブセンスの村上太一さんが有名だね

孫さん　江副さん　村上さん

海外には、
子どものうちから起業家教育
が盛んな国があって、

起業について

実際に起業する
小学生もいます

起業に興味が出てきたけど、
まわりにそんな人がいない
からちょっと不安だな

子どもの
うちに起業
した人の話
を聞いてみ
たいな

だったら、実際に
話を聞きに行けば
いいんじゃない？

ええ〜

起業した人々

日本にも、
小・中学校や高校、大学
で起業する人がいるから、
みんなのお話を
聞いてみれば、

もっと
起業について
イメージが
ふくらむんじゃ
ないかな

いいね

じゃあ
若い起業家を探して
話を聞いてみよう！

15

# 子ども起業家に聞いてみた!!

## 創作したものを形にするために起業が必要だった

株式会社想いを創る
取締役社長　関本 創さん

起業した年齢
**10歳**
（小学5年生）

### 関本さんの会社は何をしているの？

　株式会社想いを創るは、関本さんが発明し特許を取得したアイデアの商品化と、自費出版した本の販売を目的に設立された会社です。現在は本だけではなく、キーホルダーや手ぬぐい、オリジナルの妖怪グッズなども販売しています。

　また、妖怪の絵を描くワークショップや、妖怪をテーマにした講演会の講師、YouTubeチャンネル「妖怪TV」の制作のほか、テレビ朝日「サンドウィッチマン＆芦田愛菜の博士ちゃん」に「妖怪博士ちゃん」として登場するなど、メディア出演も行っています。

**プロフィール●**2008年生まれ。小学5年生のときに株式会社想いを創るの取締役社長に。2020年、制作・販売したアマビエキーホルダーの売り上げでマスクを購入し、地元医師会などに寄付。出版のほか、テレビ、ラジオ出演多数。
高校生 妖怪探究家 関本創　https://omoi-wo-tsukuru.com/

# 関本さんの仕事を見てみよう！

関本さんは現在高校生で、活動は授業のあとの時間や、休日、夏休みなどを利用して行っています。本に載っているイラストや妖怪グッズのデザインなどは、すべて関本さんが制作しています。

そのほか、SNSの更新、YouTubeの動画作成、講演会などで使用するスライド資料も関本さんが手がけているので、空いた時間をフルに活用して、制作にはげんでいます。妖怪のことをどんなふうに伝えたら、より多くの人に興味を持ってもらえるのかを、つねに考えながら制作にあたっています。

小学6年生のときに出版した『小学5年生がかいた ざんねん いがい ゆかいな妖怪事典』（講談社）

2022年に福島市で行われた妖怪講座「妖怪博士の妖怪学校」の様子

妖怪のイラストは、デジタルツールを使って描いています

さまざまな本を読んで情報をインプット。妖怪のいい伝えがあるスポットに出かけることもあります

# 関本さんに聞いてみよう！

## Q 小さいころはどんな子どもでしたか？

　小さいころは興味のあることがたくさんあって、好きなものがコロコロ変わる子でした。図鑑オタクで、動物、虫、魚、恐竜といろいろな図鑑を夢中になって読んだり、絵を描いたり、工作をしたりするのが好きで、時間があれば手を動かして何かをつくっていました。

　小学4年生のときには、物干し補助具を考えて特許を取り、ある会社で商品化されました。夏休みの自由研究に「発明」という課題があって、お母さんに困っていることはないかと聞いたら、「バスタオルのような大きな洗濯物が乾きにくくて困っている」と言われたので、物干し補助具を考えたんです。この発明が起業のきっかけにもなりました。

## Q 起業しようと思ったきっかけは何ですか？

　物干し補助具を発明品のコンテストに出したときに、「知的財産」という言葉を知りました。調べるうちに、特許をどうやれば取得できるかということがわかってきて、自分でも挑戦してみたいと思ったのです。

　また、弟の誕生日プレゼントに、「妖怪と恐竜が戦う」というテーマの本を手描きでつくりました。妖怪と恐竜が戦う本なんて、どこを探してもなかったので、僕の想像できるすべてを注いで書き上げました。弟がとても

よろこんでくれて、その本を見た親戚などからも評判がよかったので、もっと多くの人に読んでもらうために出版したいと思うようになりました。

　個人では難しいけれど、法人や団体なら、特許品の商品化に向けた相談や試作品づくりを支援してくれるところがあると母が調べてくれました。特許だけでなく、会社があれば本も出版でき、自分のやりたいことを実現できると思えたので、起業を選びました。

# Q これからの目標は何ですか？

　会社をつくるのはすごいことだと思っていましたが、小学5年生だったぼくは、起業とは何かを十分には理解していなかったと思います。また、ぼくがまだ15歳未満で登記に必要な印鑑登録証明書が取れなかったので（9ページ）、母に代表取締役になってもらい、ぼくは取締役社長になりました*。

　そうした起業の仕組みや、経営者とは何をする人なのかといったことを知らずに会社をつくりましたが、苦労はしていません。今も起業してお金を稼ぎたいというよりは、自分が大好きな妖怪のことをいろいろな形で表現して、より多くの人に妖怪の魅力を伝えていきたいという気持ちのほうが強いですね。探究心が尽きないので、これからも妖怪のことをさまざまに表現していきたいです。

## 起業をめざすみなさんへ

　自分が好きなことを突きつめていくときに、周囲の人に相談すると、年齢に関係なくアドバイスをくれたり、協力してくれたりする人がいました。同じ道を進みたいと思っている仲間ができることもあります。

　人と関わりを持ったことで、その関わりが別の人との関わりを生みます。そうした人との接点を増やしていくことで、自分にはなかった解釈や知識が広がっていき、やりたかったことを実現できました。みなさんも、自分から人に声をかけて、どんどん行動してみてください！

---

*株式会社で、経営の意思決定をする人を「取締役」、そのなかのトップを「代表取締役」といい、日本の法律にもとづく呼び名。「社長」や「CEO（最高経営責任者）」も経営トップをあらわすが、日本の法律にもとづかない一般的な呼び名

# 子ども起業家に聞いてみた!!

# 「自分の夢＋社会経験」 両方をかなえる ための起業

株式会社dr.hennep

CEO **緒方 勇人** さん

起業した年齢
**13歳**
（中学1年生）

## 緒方さんの会社は何をしているの？

　緒方さんがCEO（最高経営責任者）を務める会社は、クマやウサギなどの形をしたまっ白なフィギュアに、いろいろな色の絵の具を流しかけてアート作品にする体験空間「BEAR ART TOKYO IN ASAKUSA」を運営しています。

　完成したアート作品は、インターネット上で公開されたデジタルアイテムなどの所有権を証明する技術「NFT（非代替性トークン）」を活用して販売も行っています。また、「ETH RICH KID」というブランドを立ち上げ、Tシャツなどのアパレル商品も販売しているほか、講演やトークショーへの登壇、子ども食堂への寄付活動も行っています。

**プロフィール●** 2010年生まれ。2021年からNFTでアート作品を販売し、2024年に東京・浅草に店舗をオープン。このビジネスプランは日テレイマジナリウム アワード2023 フリースタイルコンピューティング部門で審査員奨励賞を受賞。15歳になる2025年に、株式会社BEAR ART TOKYOを設立する予定。
BEAR ART TOKYO IN ASAKUSA　https://bearart.jp/

# 緒方さんの仕事を見てみよう！

中学生の緒方さんは、平日の昼間は学校に行き、授業が終わったあと、所属するバスケットボール部で活動しています。そのあと、「BEAR ART TOKYO IN ASAKUSA」のお店に行って、毎日2〜3時間ほど仕事をします。

体験教室の予約をチェックし、予約日はお店で参加者のベアアート体験をサポートします。ペイントしたフィギュアが乾燥したら、参加者のもとへ発送します。メールやSNSを使ったコミュニケーションと情報配信、フィギュアや絵の具の在庫管理、仕入れなど、やるべき作業はたくさんありますが、学校に行っている時間は母親やスタッフがサポートし、それ以外は基本的に緒方さんがこなしています。

体験教室の参加者にペイント方法を教えます。塗り残しがないかもしっかりチェック

参加者の希望に応じて、フィギュアにデコレーションパーツをつけるのも緒方さんの仕事

このパソコンで、サイトの作成やSNSの更新、チラシのデザインなどをこなします

体験教室の予約をウェブサイトでチェックし、問い合わせのメールに返信します

# 緒方さんに聞いてみよう！

## Q 起業をしようと思ったきっかけは何ですか？

5歳のときに家族で東南アジアを旅行し、貧困地域に暮らす子どもたちと接するうち、自分が恵まれた環境にいることに気づきました。そんな自分に何ができるだろうと考え、16歳までに世界の貧困地域におにぎり1000個を配ろうと決めました。その資金集めのために、自分が描いたイラストをウェブサイトで販売しましたが、なかなか資金がたまりません。そんななか、ベアアートを知りました。

ベアアートを通じて、ぼくのおにぎりを届ける計画をみんなに知ってもらいたいと思い、ベアアートの体験教室を開くことにしました。その過程で会社や経済の仕組みにふれるうち、ビジネスをリアルに体験するほうが勉強になることが多いと思ったので、お店を開くのと同時に、CEOに就任しました。

## Q 起業してよかったこと、大変だったことは何ですか？

体験教室の予約受け付けや、ウェブサイトの作成、SNSの更新、フィギュアや絵の具、デコレーションパーツの仕入れなど、やることはたくさんあります。また、どうやって仕入れのコストを下げるか、お客様を呼ぶことができるかなど、考えることも山ほどあります。

ぼくは学校に通っていて使える時間が限られるので、パソコンを使って作業時間を短くしたり、リピーターを増やすための方法などは学校の休み時間に考えたりしています。でも、Googleマップでの口コミなどを見ると、みなさんにクリエイティビティを発揮する楽しい時間を過ごしてもらっていることが伝わってきて、とてもうれしく、もっとがんばろうと思えます。

## Q これからの夢を聞かせてください

　多くのお客様に来店いただいたおかげで、思ったよりも早く資金が集まりそうなので、両親の実家がある熊本県でお米と海苔づくりに取り組みはじめました。本当においしくて安心して食べられるおにぎりを貧困地域に届けられたら、次は本格的にアパレルブランドを立ち上げるなど、別のビジネスをはじめたいと思っています。

　そしてまだ先の話ですが、海外の大学に行ったり、海外で活動したりするのもいいなと思っています。ぼくが今こうした活動をしているのも、小さいころから海外旅行をしたり、スイスやオランダで暮らしたりして、世界のことを見て知ったからです。おいしいご飯を食べられて、パソコンもスマートフォンもある環境に感謝しながら、多くの人をリスペクトできる何かをやり続けたいと思います。

## 起業をめざすみなさんへ

　元プロバスケットボール選手のマイケル・ジョーダンが、「9000回以上シュートを外し、300試合に敗れ、決勝シュートを任されて26回も外した。人生で何度も失敗したからこそ、今の成功がある」と言っています。

　ぼくもお店で在庫が切れそうになってあわてて発注して、いつもより高い商品を購入することになるという失敗をして、それから在庫管理に注意するようになりました。失敗しても、そこから学ぶこともたくさんあります。あきらめないでがんばってほしいですね。

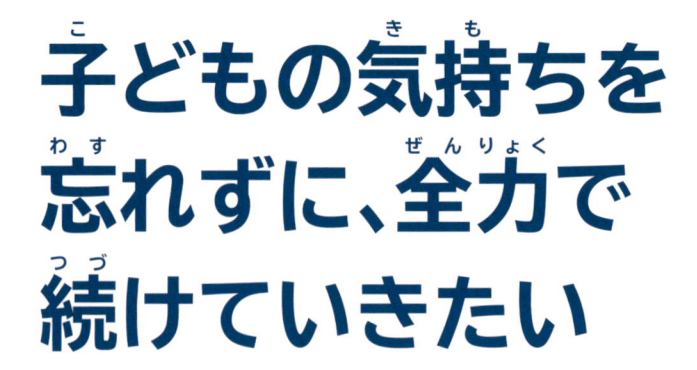

# 子どもの気持ちを
# 忘れずに、全力で
# 続けていきたい

株式会社SOS

代表取締役社長　**想空** さん

起業した年齢
**15**歳
（中学3年生）

## 想空さんの会社は何をしているの？

　想空さんが社長をつとめる株式会社SOSは、勉強道具やおもちゃなどに企業のロゴマークや社名を入れて無償で配布する、広告ビジネスの会社としてスタートしました。子どもが過ごす施設で必要なものは何かを聞き取り、それを企業に提供してもらうしくみです。企業にとっては子どもや保護者に向けた宣伝になり、施設や子どもは必要なものが手に入るため、どちらにもメリットがあります。

　ほかにも、子どもにおいしい食事を無償で提供する「SOSの子ども大食堂」や、複数の人気ラーメン店の味を一つの店で味わえる「ラーメンスタンド」のプロデュースも行っています。

**プロフィール●**2005年、大阪府生まれ。会社設立に必要な印鑑登録ができる15歳をむかえた翌月に「コドモだからできること」をコンセプトに広告事業を行う株式会社SOSを設立。大学生になった2024年からはラジオ番組にもレギュラー出演。
株式会社SOS　https://sos.jpn.com/

# 想空さんの仕事を見てみよう！

企業名の入ったボールペンやノート、道具箱、虫かごなど、いろいろな商品を届けます

ホームページでは、子どもの悩み相談を受け付けていて、想空さんが返信を行っています

株式会社SOSがプロデュースする「ラーメンスタンド」に出店中のラーメン店の店主と打ち合わせ

中学3年生で起業した想空さん。中学校や高校に通学しているあいだ、平日は学校生活をしっかり楽しみ、仕事は放課後や週末に行うと決めていました。

放課後や週末は、こまめにメールを確認して、取引先の会社と連絡を取り合います。打ち合わせのために、東京まで一人で出向くこともあります。新聞やテレビなど、マスコミから取材依頼があった場合も、自分でスケジュールを調整して対応します。

「SOSの子ども大食堂」への出店依頼のために、飲食店に足を運ぶこともあります。味や店の雰囲気などを自分で確かめて、自信をもっておすすめできる店を選びます。

「ラーメンスタンド」で出すメニューを考えたり、SNSで情報発信をしたりします

## 想空（そそら）さんに聞いてみよう！

### Q 起業をしようと思ったきっかけは何ですか？

起業のきっかけは、10歳のときに、Facebook（現・Meta）の創業者マーク・ザッカーバーグが、未来の子どものために約5兆5000億円相当（当時）の株式を寄付するというニュースを見たことです。「すごい！　私も子どものために何かをしたい」と思ったんです。そのとき、Facebookの売り上げの98%が広告収入だということも知りました。「広告業って何？」と調べてみると、大がかりな設備もいらず、初期費用も少なくてすみそうだと考えました。

中学3年生になり、進路を決める時期に思い出したのが、10歳のころに抱いた気持ち。「絶対に起業しよう！」と準備をはじめました。会社をつくるのに必要な資金は、おこづかいを父にあずけて、利子を付けて返してもらう「パパ銀行」というやり方で増やしました。絵を描くことも好きなので、Tシャツをデザインして販売し、自分で300万円を用意しました。

ただ、会社設立に必要な印鑑登録の手続きだけは、15歳にならないとできません（9ページ）。だから15歳の誕生日を待って、役所で印鑑登録を行って、その翌月に起業しました。

### Q 起業してよかったこと、大変だったことは何ですか？

よかったと思うのは、15歳で起業したことです。大人になると、「起業をして、失敗したらどうしよう」と不安や迷いが生まれてしまうかもしれません。でも15歳なら「1回ぐらい失敗しても大丈夫」という気持ちで、やりたいことをやれると思います。

文具やおもちゃを届けたときに、子どもたちや施設の方から「ありがとう」という言葉を聞けるのがうれしいです。

一度、取引先の方に、SNSで友だちに送るようなスタンプを送ったことがあり、反省したことがあります。また、取引先の方との打ち合わせの時間を、学校のない平日の夜や週末にしていただくことが多かったので、申し訳なかったと感じています。

## Q これからの目標は何ですか？

　2024年6月に、デジタルチケットを活用した「SOSのこども大食堂」をはじめました。中学生以下の子どもが、無料でおいしい食事を食べられる事業です。飲食店は、子どもの来店を待つだけなので、「子ども食堂には関心があるけれど、実際にやるのは難しい」という場合でも、手軽に参加していただけます。子どもにおいしいものを食べてほしいので、味や食材にこだわりのある店を選んでいます。

　将来は、完全無料の小売店をつくりたいですね。店にあるのはすべて広告物で、子どもが使いたいものを持ち帰れるしくみです。企業にとっては宣伝になるメリットがあります。子どもたちには、お金のことを気にせず、全力で買い物体験を楽しんでほしいんです。

## 起業 をめざすみなさんへ

　社長になることは、「えらくなること」ではありません。自分がすごい人になったとかんちがいしてはダメ。起業するのも、すごいことではありません。

　株式会社SOSは、「コドモだからできること」をコンセプトにしています。だから子どもの気持ちを忘れず、この路線で走りたいと思っています。「子どもが起業できるわけがない」と言われたこともありますが、そんなこと気にしません。

　子どものみなさん！　大人の固定観念にまどわされず、全力で取り組んでいきましょう。

# 興味のあることだけを追求したら仕事になった

株式会社ゲムトレ
CEO　小幡 和輝 さん

起業した年齢
**18歳**
（高校3年生）

## 小幡さんの会社は何をしているの？

　小幡さんは、高校3年生のときにイベントを開催する会社を設立して以来、次つぎと新しい事業を行ってきました。現在代表をつとめている株式会社ゲムトレでは、日本初のプロのゲームトレーナーからオンラインでゲームを習う「ゲムトレ」を運営しています。「ゲムトレ」では、ゲーム大会など、学んでいる人たちが交流できる場を提供する活動もしています。

　また、不登校の子どもやその家族が集まれる場づくり、全国各地で講演会「#不登校は不幸じゃない」の開催、フリースクールの運営、テレビ番組のコメンテーター、書籍の執筆なども行っています。

プロフィール●1994年生まれ。2013年に高校3年生で起業。株式会社ゲムトレCEO、「#不登校は不幸じゃない」発起人。世界の若手リーダー『GlobalShapers』に選出され、日本アントレプレナー大賞エンタメ部門グランプリを受賞。メディア出演も多数。https://www.obatakazuki.com/

# 小幡さんの仕事を見てみよう！

小幡さんが高校生のころは、放課後や休日を使って活動をしていました。現在は社会人になり、働く時間は変わり、幅広い事業を手がけていて、常にパソコンを使って仕事をしています。

ゲームが好きな小幡さんは、講演会に参加した子どもたちといっしょにゲームをしてコミュニケーションを図ったり、ゲームの学習塾ともいえる「ゲムトレ」を企画したりするなど、自身の好きなことを事業に結びつけています。そのときどきで興味があることを追求してきた結果、事業が増えていきました。

オフィスでの仕事時間のほとんどは、パソコンの前ですごします

イベント「#不登校は不幸じゃない」を開催して、全国の子どもたちと交流。不登校に対する偏見をなくそうと働きかけています

子どもたちとゲームで遊びながらコミュニケーションをはかる小幡さん。『ゲームは人生の役に立つ。』という本も出しています

ポーカーハウスを運営し、小幡さん自身もプレーヤーとして大会に多数参加しています

## 小幡さんに聞いてみよう！

### Q 起業をしようと思ったきっかけは何ですか？

私は小学校の低学年から不登校になり、家でゲームをたくさんしていました。一方で、テレビのクイズ番組が好きで、気になったことを本で調べたりする、好奇心の強い子どもでした。カードゲームの大会に出たり、高校時代はアルバイトをしたりと活動的で、学校以外で好きなことをしていたので、不登校でも不幸だと思ったことは一度もありません。

中学に入ると歴史もののゲームにはまり、日本の歴史や文化にも興味を持ちました。地元である和歌山県についても、日本の歴史や文化の一つとして見ていました。高校生のとき、和歌山県は高校卒業と同時に県外に出る若者の数が全国でもトップレベルと聞きました。大学も就職先も少ない地元に残るのが難しいなら、若者に地元を好きになってもらって、県外で観光大使のようにPRをしてもらえたらと思い、地元の魅力を知ってもらうイベントを開くために起業を決めました。

活動に協力してくださる企業とやり取りするには、個人ではなく法人になるほうがやりやすいこともあって会社にしましたが、高校生で起業するなんてめずらしくてカッコいいという気持ちもありました。

### Q 起業してよかったこと、大変だったことは何ですか？

最初はイベントを開催しても人が集まらず、どうしたら人が集まるのか、お金をかせげるのかと考えても、何をしていいのかわからなかったですね。けれど、イベントで堀江貴文さんの講演会を行ったら大盛況で、駅前でチケットを手売りしたのですが、500枚あったチケットはすぐに完売しました。

堀江さん側との交渉など、はじめて経験することも多かったのですが、イベントや仕事のつくり方を実感できた貴重な経験になりました。

起業した当時から、ゲームなど好きなことに関わってきて、やっていることは今もほぼ変わりません。

けれども、お金に対する価値観は大きく変わりました。起業当時は1万円でも大金でしたが、大人になるとその数百倍の金額を平気で動かすようになります。大金を動かして失敗するとダメージが大きいですが、1万円程度なら実際のダメージは小さいし、リカバリーもしやすいですよね。そういう意味では、大人になって起業するよりも、子どものうちに起業して失敗したほうがダメージも少ないのです。

リターンは小さくても、リスクも小さかった高校生のときに起業したからこそ、自由に挑戦できたのかもしれません。

## 起業 をめざすみなさんへ

起業を志すと、批判したり、否定したりしてくる人は少なからずいます。その人たちの多くが、起業したことも、事業を立ち上げたこともない人です。

起業を経験した人は、むやみに批判や否定をしません。起業したことのない人の批判や否定に傷ついたり、落ち込んだりする必要はありませんし、今のあなたが考える失敗を10年後に振り返ってみると、どうでもいいことと思えるはずです。失敗を恐れずに、とりあえず行動してみてください。

# 熱中できることを
# 探しているうちに
# 起業に出あった

グーイー株式会社

代表取締役 **余野 桜** さん

起業した年齢
**21歳**
（大学3年生）

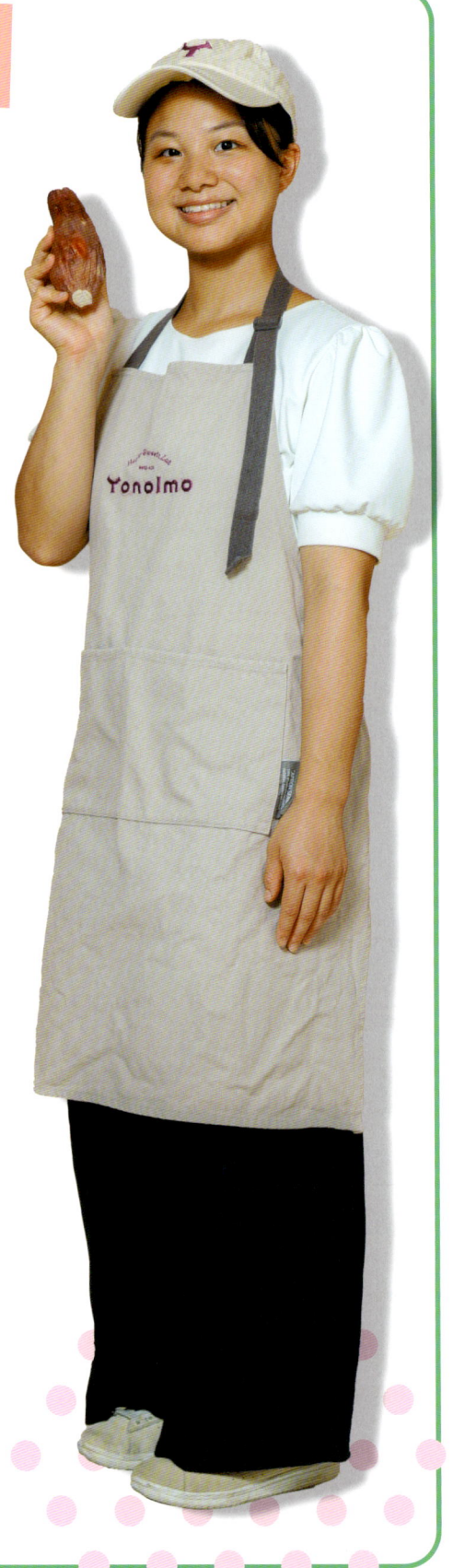

## 余野さんの会社は何をしているの？

　余野さんが代表をつとめるグーイー株式会社は、石焼きいもをはじめ、特定の添加物を使わない焼きいもスイーツを製造・販売する会社です。添加物とは、食品を長持ちさせたり、色をつけたりするのに使われる調味料や保存料などのことで、なかにはとりすぎると健康に影響をおよぼすものもあります。また、食物アレルギーの原因となる小麦粉や卵を使わない商品もあります。

　余野さんは、グーイー株式会社が運営する焼きいも・いもスイーツ専門店「YonoImo」を通じて、安心・安全に食べることができる商品をたくさんの人に届けています。

**プロフィール●**2001年、大阪府生まれ。2021年に近畿大学発の起業支援プログラムを受講し、大学3年生のときにグーイー株式会社を設立。焼きいもと、いもスイーツ専門店「YonoImo」を展開。
YonoImo　https://yonoimo.base.shop/

# 余野さんの仕事を見てみよう！

　余野さんの仕事はサツマイモを仕入れるところからはじまります。サツマイモは、季節や産地によって出回る品種がことなりますし、農家によって品質もちがいます。そこで、お客さんの好みに合わせて「ほくほく系」や「とろとろ系」といった品種をそろえたり、季節によって産地を変え、信頼する農家から直接仕入れたりしています。仕入れる量は月によって変わりますが、平均して約300kg（約1500本）にもなります。

　サツマイモが届いたら、商品づくりに取りかかります。管理栄養士をしている余野さんの母親やまわりの人たちとトッピングを考えています。

　ほかにも、SNSを使っての商品紹介やお客さんから届いたアンケートを分析して、今後の商品開発に生かすことも積極的に行っています。

サツマイモを運ぶ余野さん。多いときは1か月で約1tを仕入れることもあります

ペースト状にした石焼きいもの上にスライスした石焼きいもをのせた「大学イモペ」は人気商品

まずは知ってもらうことが大切。百貨店をはじめ、いろいろな場所へ出店しています

じっくり焼き上げるサツマイモは、その時期に一番おいしい品種を厳選しています

# 余野さんに聞いてみよう！

## Q 起業をしようと思ったきっかけは何ですか？

私は、5歳から高校卒業まで器械体操に打ちこんでいましたが、けがをして続けられなくなりました。大学に入学しても熱中できることが見つけられずにいたときに、大学で行われている起業支援プログラムを知り、興味本位で受講してみたんです。はじめは、プログラムの売り上げ目標を達成するため、不用品を回収したり野菜を売ったりしていましたが、しだいに「#焼き芋学部」として焼きいもを売りはじめました。

焼きいもにしたのは、小学4年生のときにたき火を使って焼いたサツマイモのおいしさをずっと覚えていて、そのときの感動をたくさんの人に伝えたいと思ったからです。やっているうちにどんどん夢中になり、気づいたら就職活動をひかえた大学4年生が目前に。いま辞めるのはもったいないという気持ちと、母や応援してくれるサポーターのみなさんの後押しもあり、思い切って会社を立ち上げることを決めました。

## Q 起業してよかったこと、大変だったことは何ですか？

学校や年齢の枠を超えてたくさんの人と関わりが持てたことですね。若いうちは無条件にいろいろなことを教えてもらえるので、勉強になることが多くありました。また、就職活動では自分が100%共感できる会社を見つけるのは難しいと感じていたので、仕事内容や働き方の面で自己流の会社をつくれるというのもよかったです。

大変だったことは、それまでいたメンバーがどんどん抜けて、一人になった期間があったこと。あのときは仲間の大切さを実感しました。学業との両立も大変でしたが、できる範囲で少しずつ目標を達成することで乗り切ることができました。

##  Q これからの目標は何ですか？

　当社の代表商品である石焼きいもは、焼きたてを提供していますが、一度に焼ける本数が限られてしまうため、ときには焼き上がりまでお待たせしてしまうこともあります。そこで、焼く回数を増やすなど、焼き立てをすぐに提供できるような方法を考えているところです。また、お客様が待っているあいだもわくわくできるように、焼いている様子が見えるような販売方法も考えています。

　これまでは、百貨店などで行われるイベントへの出店が中心でしたが、より多くの人にYonoImoの商品を食べてもらえるよう、2024年5月からはオンラインショップをはじめました。

　将来的には、お客様が自分でサツマイモを焼く体験ができるようなお店をもうけたり、企業や飲食店とのコラボレーションを企画したりして、より多くの人に商品を届けたいと思います。

## 起業をめざすみなさんへ

　とにかくやってみることが一番です。私は小さいころから起業したいと思っていたわけではないので、早いうちから起業に興味を持つこと自体がすごいと思います。私が大学のプロジェクトを通じて会社を立ち上げたように、いまは起業を支援する学校や自治体が増えているので、たよりになると思います。

　お金の面やまわりの意見も気になるとは思いますが、熱中できることが見つかれば気にせずチャレンジしてみてください。

# 起業に興味が出てきたぞ

いろいろ話を聞いて、自分でも起業してみたい！って思うようになったよ

「起業したい」という気持ちがあれば、誰でも起業できるんだね

でも、やっぱり起業に向いている人・いない人がいるんじゃないかな？

## どんな人が起業に向いている？

起業には、特別な資格も、学歴も必要ありません。「起業したい」という強い意志があれば、誰でも起業できます。

しかし、意志だけで成功できるほど、現実はあまくありません。起業は誰でもできますが、本当は続けていくことが大変なのです。

では、どのような人が起業を成功させるの

でしょうか？　大企業の役員や経営幹部に対するあるアンケートでは、これからの経営者に求められる資質として、以下のようなものがあげられています。これらは大企業の経営者を対象としたものですが、会社の規模にかかわらず、これから起業をする人にとっても当てはまる大事なものです。

### ▶これからの経営者に求められる特に重要な資質（上位10項目）
(日本能率協会「トップマネジメント意識調査2023」より)

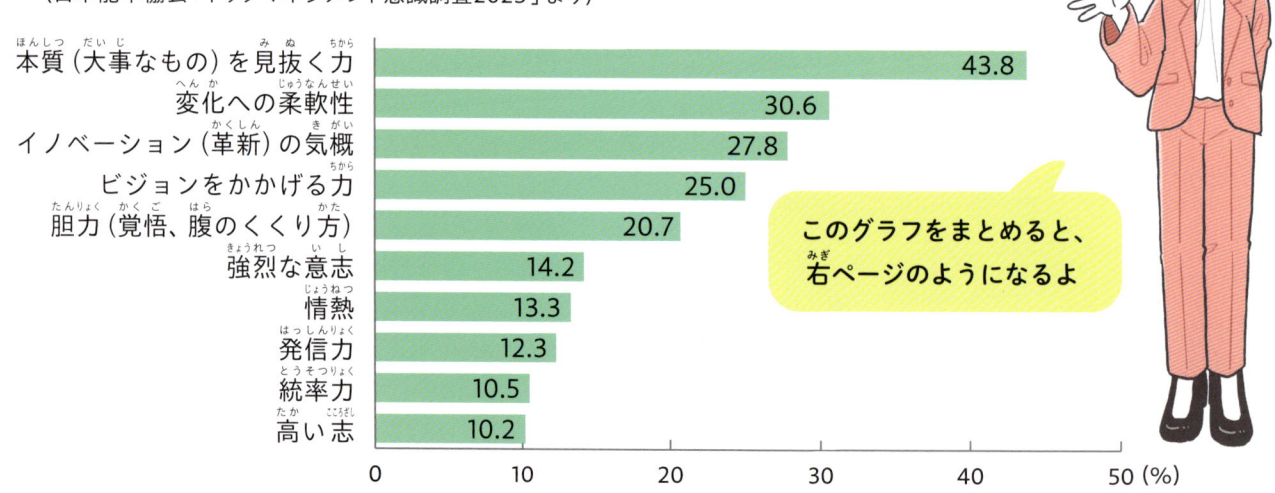

| 資質 | 割合 |
|---|---|
| 本質（大事なもの）を見抜く力 | 43.8 |
| 変化への柔軟性 | 30.6 |
| イノベーション（革新）の気概 | 27.8 |
| ビジョンをかかげる力 | 25.0 |
| 胆力（覚悟、腹のくくり方） | 20.7 |
| 強烈な意志 | 14.2 |
| 情熱 | 13.3 |
| 発信力 | 12.3 |
| 統率力 | 10.5 |
| 高い志 | 10.2 |

このグラフをまとめると、右ページのようになるよ

# 起業に向いているのはこんな人（例）

## ❶ 行動力・決断力がある人

ビジネスの現場では、あらゆる場面でスピードが求められます。思いついたアイデアをすぐ実行にうつす、重要な場面で決断することが大事です。

## ❷ 起業の目的が明確になっている人

成功する起業家は、自分のビジョン（将来の展望）や達成したい夢に向かっていれば、目の前に困難が立ちはだかったとしても、ぶれることなく前進できます。

## ❸ 失敗してもあきらめない人

ビジネスに失敗は付きもの。もし失敗をしたとしても、そこであきらめては、将来の成功につながりません。失敗を経験・学びととらえて分析し、再挑戦できる力が大事です。

## ❹ 好奇心が旺盛な人

変化の激しい現代社会では、つねに新しいことに敏感で、好奇心を発揮できる人が、世のなかが抱える課題に気づきやすく、新しいビジネスを生み出す可能性があります。

## ❺ 人づきあいが得意な人

せっかくのいいアイデアも、一人では実行にうつせないこともあります。支援者や仲間など、うまく人を動かすためには、人づきあいが得意なほうがいいでしょう。

好奇心は人一倍あると思うけど、決断力といわれると……

あれ、ずいぶん弱気だね

## 「起業に向いていない」とあきらめる前に

　上にあげた項目は大事なことですが、これらに当てはまらないからといって、起業に向いていないわけではありません。

　一人ではなく、大人や仲間たちといっしょに起業をすることもできます。そのとき、決断できる人、周囲をひっぱってくれる人など、自分にないものをおぎなってくれる仲間がいれば、可能性が大きく広がっていくでしょう。それが、「チームの強みを生かす」ということです。

　もちろん、起業をきっかけに自分を変える、自分の性格や生活に合わせた起業の形を考えるなど、自分なりの道を探してみることも大切です。

# 日本と海外の起業事情

## ★「起業のしやすさ」日本は106位

　国連の専門機関である世界銀行グループがまとめた「ビジネス環境の現状2020」によると、日本は「起業のしやすさ」で、世界190の国と地域のなかで106位でした。

　1位となったのはニュージーランドでした。起業に関する手続きがオンラインでできるなど簡素化されていること、起業を目的とした移住をすすめる「起業家ビザ」があること、株などを売った利益に税金がからず投資がしやすいことなど、起業しやすい環境がととのっています。

　起業やスタートアップの本場といわれるアメリカは55位でしたが、2021年に新設された法人の数は約540万社もあります（日本は約14.5万社）。アメリカには、起業家に資金を投資するお金持ち（エンジェル投資家）や投資会社（ベンチャーキャピタル）が多いのが特徴です。また、Google

### ◆「起業のしやすさ」ランキング
（世界銀行グループ「ビジネス環境の現状 2020」より）

| 順位 | 国名 | スコア |
|---|---|---|
| 1 | ニュージーランド | 100.0 |
| 2 | ジョージア | 99.6 |
| 3 | シンガポール | 98.2 |
| | 中国・香港特別行政区 | 98.2 |
| | カナダ | 98.2 |
| ⋮ | ⋮ | ⋮ |
| 27 | 中国 | 94.1 |
| 33 | 韓国 | 93.4 |
| 55 | アメリカ | 91.6 |
| 106 | 日本 | 86.1 |

やAppleなどの有名なIT企業がある、カリフォルニア州の「シリコンバレー」とよばれるエリアには、今でも多くの起業家が集まってきます。

## ★ 日本の起業家支援

　一方、日本はまだまだ起業家の数も少なく、起業しやすい環境がととのっているとはいえないのが現状です。

　そんななか、政府は2022年11月に「スタートアップ育成5か年計画」を策定し、スタートアップ育成に取り組んでいます。具体的には、小・中学生、高校生を対象に起業家教育を拡大して起業を志す人を増やす、スタートアップに投資した人への税金を優遇して投資をうながす、起業を志す若い人材をシリコンバレーに派遣するなど、さまざまな支援策が盛りこまれています。

# さくいん

◆**監修 藤川大祐**（ふじかわ・だいすけ）

千葉大学教育学部長・教授（教育方法学、授業実践開発）。東京大学大学院教育学研究科博士課程単位取得満期退学。メディアリテラシー教育やキャリア教育、起業家教育、企業との連携授業などさまざまな分野で新しい授業実践や教材の開発に取り組む。NPO 法人企業教育研究会理事長、NPO 法人全国教室ディベート連盟理事長等も務める。

◆**監修協力 小牧 瞳**（こまき・ひとみ）

千葉大学学術研究・イノベーション推進機構（IMO）スタートアップ・ラボ　リサーチ・アドミニストレーター（URA）。

**マンガ・イラスト** ● イグアナ大佐
**撮影** ● 天倉悠喜、鈴木智博、井原完祐、マツダナオキ
**取材・文** ● 吉川ゆこ、柚原靖子／澤野誠人、小川麻衣留（株式会社ワード）
**ブックデザイン** ● 佐藤紀久子（株式会社ワード）
**制作協力** ● 株式会社ワード

**参考資料** --------------------------------------------------------------------------------

『図解 知識ゼロからはじめる起業の本』中野裕哲・監修（ソシム）
『起業をするならこの 1 冊　第 6 版』馬渡 晃・著、吉田杉明・法律監修（自由国民社）
『学校では教えてくれない 稼ぐ力の身につけ方』小幡和輝・著、若林杏樹・マンガ（小学館）
（ホームページ）文部科学省、経済産業省、総務省統計局、日本能率協会、世界銀行グループ、
　　　　　　　　GMO メディア

# 起業でつくるジブンの仕事

### ❶ 子ども・若者起業家に聞いてみた

2025年1月　初版第1刷発行

監修者　藤川大祐
発行者　三谷 光
発行所　株式会社汐文社
　　　　〒 102-0071　東京都千代田区富士見 1-6-1
　　　　電話 03-6862-5200　ファックス 03-6862-5202
　　　　URL https://www.choubunsha.com
印　刷　新星社西川印刷株式会社
製　本　東京美術紙工協業組合

# 起業でつくる ジブンの仕事

全3巻

監修　藤川大祐（千葉大学教育学部長・教授）

**1** 子ども・若者起業家に聞いてみた

**2** 会社を設立したい！

**3** 会社経営ってどうやるの？

●NDC335　●AB判上製　●各40ページ

# やりたいことを見つけよう

名前

**1** あなたが好きなこと（もの）を自由に書きましょう

**2** あなたが気になっていること・興味のあることを自由に書きましょう